IMPOT UNIQUE

ET

PROGRESSIF

PAR HYACINTHE BÉLIÈRES,

AUTEUR

DES PRÉLUDES PHILOSOPHIQUES.

DEUXIÈME ÉDITION.

RODEZ,

IMPRIMERIE DE RATERY, RUE DE L'EMBERGUE-GAUCHE.

1849

IMPOT UNIQUE

ET

PROGRESSIF.

CHAPITRE Ier.

CONSIDÉRATIONS GÉNÉRALES SUR L'IMPÔT.

§ Ier. — *Économie dans les dépenses de l'État.*

Un ministre de Louis-Philippe a dit cette énormité : « Il faut faire rendre à l'Impôt tout ce qu'il peut rendre. » En d'autres termes : « La France est une vaste ferme, exploitons-la de notre mieux et retirons-en le plus gros revenu possible, pour nous le partager. Hâtons-nous de nous enrichir : c'est à cela qu'est destiné le budget. »

Je crois être dans la justice et la vérité en prenant le contre-pied de cette barbare doctrine. Qu'est-ce en effet que l'Impôt ? C'est une cotisation nationale ayant pour but de payer les dépenses publiques reconnues nécessaires par les représentans de la nation. Cette cotisation est prélevée sur le revenu de chaque citoyen non indigent ; et dès-lors elle tend à appauvrir d'autant plus le peuple qu'elle est plus considérable : tellement que, si le budget , grossissant de plus en plus , finissait par absorber tout le revenu, il n'y aurait plus que des indigens , attendant leurs rations de l'État.

Il est donc clair que , en thèse générale , il faut demander à l'Impôt le moins possible , viser à restreindre les dépenses et à réduire le budget. Il faut supprimer rigoureusement tous les emplois inutiles, toutes les pensions et subventions de pure faveur ; ramener à des proportions raisonnables tous les gros traitemens , qui enrichissent les uns outre mesure au détriment de tous les autres.

En un mot, le premier devoir de l'Assemblée nationale , dans la fixation de la somme des impôts , c'est de viser à rendre le moins lourdes possible les charges qui pèsent sur le peuple. Par là elle manifestera mieux que par des paroles la loyauté de son patriotisme.

Une sévère économie, une justice incorruptible , un égal respect de l'ordre et de la liberté , une constante préoccupation du bien-être des masses : voilà le salut et la gloire de la République ; voilà ce que la France attend de l'Assemblée nationale.

§ 2. — *Probité dans l'emploi des deniers publics.*

Le produit de l'Impôt est le bien de tous. C'est un trésor sacré où nul n'a le droit de puiser qu'autant que la nation le lui concède et dans la mesure qu'elle lui prescrit.

Le ministre qui détourne une partie quelconque de ce trésor à des usages non consentis par la nation , qui y puise à pleines mains pour enrichir ses amis et ses créatures , pour acheter des votes dans les élections ou dans les discussions de la Chambre , pour accorder des secours arbitraires et des subventions de bon plaisir , un tel ministre a beau se targuer du titre d'*honorable*, il n'en est pas moins un voleur ; et tous ceux qui profitent de sa facile munificence méritent d'être flétris du même nom. Un des bienfaits de la République sera de nous délivrer de ces voleurs *honorables*.

Mais l'Assemblée nationale elle-même a-t-elle le droit d'autoriser toute espèce de dépenses ? N'est-elle pas injuste envers la nation si elle manque d'opérer toutes les économies convenables ; si elle applique mal à propos le bien de tous à des usages d'un intérêt particulier ; si elle donne trop légèrement un bill d'indemnité à des ministres dilapidateurs ; si elle vote des fonds secrets dont elle ne puisse contrôler l'usage , des subventions aux théâtres , des indemnités Pritchard , des millions pour payer la gloire d'un duc d'Isly et la prise du parasol d'un prince marocain , des encouragemens aux lettres qui n'encouragent que des médiocrités ministérielles et serviles , etc. ?

Certes un honnête représentant ne voudra jamais avoir de tels actes sur la conscience. L'homme politique , le législateur n'est pas plus affranchi de la justice que le particulier. Jamais nous n'admettrons en France que l'Assemblée nationale *puisse tout, excepté faire d'une fille un garçon*, comme disent les Anglais. Honte à celui qui ose prétendre que la politique est indépendante de la morale !

§ 3. — *Équilibre du budget.*

Avec un bon système de contributions , un ministère et une Assemblée sages et probes , on n'aurait , en général , ni déficit, ni crédit extraordinaire ou supplémentaire , ni emprunt , ni dette publique , ni fonds secrets.

Le ministère et l'Assemblée doivent savoir avec une approximation suffisante combien il faudra dépenser en travaux publics , en traitemens de fonctionnaires , en paiemens de rentes et de pensions. L'Assemblée n'a donc qu'à voter un budget égal au montant des dépenses prévues avec un certain excédant ou fonds de réserve, qui prévienne la pénurie des ressources. Et de son côté , le pouvoir exécutif doit se renfermer strictement dans les limites des allocations de l'Assemblée ; sauf toutefois les cas d'urgente nécessité , qui sont rares , et dans lesquels le bien public exige qu'il recoure au fonds de réserve, mais sans tomber dans le déficit.

Une dette publique toujours croissante accuse un gouvernement prévaricateur ou inepte. Il n'y a que des catastrophes qui puissent forcer une nation à s'endetter. En temps ordinaire, le pouvoir qui ne peut obtenir d'elle les subsides nécessaires, n'a qu'à se retirer ; car nul n'a le droit de gouverner une nation malgré elle. Mais quelle est la nation qui refusera des impôts modérés à un gouvernement juste qu'elle s'est donné à elle-même? Or, le gouvernement à qui la nation fournit les subsides nécessaires, ne peut sans improbité l'engager dans des entreprises qu'elle n'a pas approuvées, dans des dépenses qui excèdent ses ressources, dans des dettes qui l'appauvrissent et l'exposent à une banqueroute.

Quant aux fonds secrets, comment les justifier? S'ils ont une destination utile et morale, quel intérêt a le pouvoir à en soustraire l'emploi au contrôle de l'Assemblée ou d'une commission nommée par elle? Et s'ils sont destinés à des usages non avouables, injustes, honteux, immoraux, comment l'Assemblée nationale peut-elle les voter ?

CHAPITRE II.

INJUSTICE DE DIVERSES CONTRIBUTIONS.

Quand un gouvernement cupide et sans probité dégénère en une exploitation de la richesse nationale, il cherche à faire argent de tout; pour remplir ses coffres, tout expédient lui est bon ; il faut que le peuple sue l'impôt par tous les pores.

Après avoir imposé le fonds, on impose encore le revenu de ce fonds : après que la vigne a payé, on exige que le vin paie. Pourquoi le vin, et pas le blé ni les autres denrées ? Parce que le vin donne plus de profit ? Mais que prouverait cette raison ? que les autres denrées doivent être moins imposées, voilà tout. Est-ce parce que le vin est un objet de luxe dont vous voulez limiter la production ? Mais le vin n'est guère moins nécessaire que le pain ; et avant d'en limiter la production, il faudrait au moins que tout le monde en boive, comme tout le monde mange du pain. Si, pour prouver que le vin n'est pas nécessaire, vous alléguez que beaucoup de pauvres familles en sont privées, il est aisé de vous répondre que la plupart des familles Irlandaises remplacent le pain par la pomme de terre, ce qui ne prouve rien contre l'extrême utilité des céréales. Vous voulez peut-être mettre un obstacle à l'ivrognerie ? Faux calcul : le vin enivre plus facilement celui qui n'a pas l'habitude d'en boire, et la privation excite à l'intempérance. D'ailleurs, l'abus d'une bonne denrée n'est pas une raison suffisante pour en interdire l'usage par l'exagération du prix. On peut vous dire enfin que votre impôt n'empêche pas le peuple de s'enivrer, mais qu'il le force à s'empoisonner en buvant des vins falsifiés au lieu de vins naturels.

Le sel est une denrée aussi commune et abondante qu'elle est utile. Mais, malheureusement pour le peuple, ses gouvernans se sont avisés de s'en attribuer le monopole, et ils en ont élevé le prix de vente jusqu'au décuple du prix de revient. Pour justifier cette iniquité, comme celle du monopole du tabac et de tous les impôts de consommation, on dit que ces impôts ont pour but d'atteindre le numéraire, et de faire contribuer les rentiers et les capitalistes aux charges de l'Etat. Mais pour atteindre le numéraire, — ce qu'il fallait faire sans blesser la justice et l'équité, — vous rendez la vie extrêmement chère, au lieu qu'elle devrait être à bon marché ; vous nuisez à la santé du peuple, en le condamnant à une nourriture mauvaise ou insuffisante ; vous mettez un obstacle funeste aux améliorations agricoles, réalisables au moyen du sel ; vous faites payer le pauvre autant que le riche pour une égale consommation ; et si le pauvre, en raison des personnes qu'il a à nourrir, consomme plus que le riche, sa contribution indirecte est plus forte, ce qui est souverainement inique et inhumain.

Marchand de sel et de tabac, le fisc ne veut point de concurrence, et, pour s'en affranchir, il ne lui coûte rien de violer la liberté : défense aux particuliers de cultiver le tabac, défense d'extraire le sel que la nature a mis dans leurs propriétés, défense aux habitans des côtes de se servir des eaux de la mer. A ces deux monopoles, il ajoute celui du papier timbré, qu'il vend à un prix exorbitant. Et si le citoyen est peu disposé à donner 2 fr. pour un chiffon de papier qui ne vaut pas 10 c., la loi est là pour l'y contraindre, le gendarme est là pour prêter main forte à la loi. Français, j'ai sans doute le droit de voyager en France ; mais si j'use de ce droit sans payer 2 fr. au fisc, je cours risque d'être incarcéré comme le dernier des voleurs ; et cependant on dit que je suis libre !

Les oiseaux du ciel et les bêtes des champs et des forêts appartenant à tous, qui a pu me défendre de chasser sans un permis du fisc ? pourquoi le prix élevé de ce permis tend-il à faire de la chasse le privilége du riche ? pourquoi, s'il fallait un impôt sur la chasse, ne pas le proportionner du moins à la fortune ? Et si le but de cet impôt était, comme on le dit, de prévenir la destruction du gibier, ne pouvait-on pas obtenir le même résultat en étendant la prohibition de la chasse à une plus longue partie de l'année ?

De même qu'une roche stérile n'est pas imposable, puisqu'elle ne donne aucun revenu, de même il paraît absurde d'imposer une maison ou un meuble quand le propriétaire n'en retire aucun loyer. Mais le fisc ne recule pas devant l'absurde : « Veux-tu avoir une maison, dit-il au citoyen ? paie un impôt ; veux-tu y mettre des meubles ? un impôt ; veux-tu y pratiquer une porte pour entrer et sortir ? un impôt ; veux-tu, au moyen de quelques fenêtres, y introduire de l'air et de la lumière ? un impôt. »

Est-ce assez ? Non, le fisc est insatiable ; non content d'avoir imposé toutes les choses qui servent au contribuable, il faut qu'il impose sa personne, son existence, son droit de vivre !

Cette cote personnelle est la même quelle que soit la fortune : genre d'égalité dont le riche n'a pas trop à se plaindre.

Le droit de propriété emporte celui de donner, et par suite celui de recevoir une donation ou de succéder. Or, une succession constitue d'ordinaire une augmentation de richesse ; et tout citoyen qui s'enrichit doit contribuer aux charges de l'Etat suivant sa nouvelle fortune. Mais il est déraisonnable de lui faire payer le passage d'une fortune inférieure à une fortune supérieure ; car il serait niais de dire que ce passage est une richesse. D'où il suit que les droits de succession, dans le cas d'une donation par testament ou entre vifs , sont arbitraires et iniques.

En l'absence d'une donation, il faut admettre de deux choses l'une : ou que la succession revient de droit à l'État , ou bien au parent à qui la loi l'attribue. Si c'est à l'État , la loi qui la donne au parent est essentiellement injuste ; si c'est au parent, la loi qui lui demande des droits en sus de l'impôt que doit sa nouvelle fortune, est essentiellement inique. Dans aucune hypothèse, il ne doit y avoir de droits de succession.

Mais dans quels cas une succession appartient-elle à l'État ? Cette question est trop importante, trop épineuse et trop en dehors de mon sujet, pour que je la traite ici. Je me contente d'émettre le vœu que la loi sur les successions soit révisée et profondément modifiée.

Quant à l'impôt des patentes , il a sans doute son bon côté. Car le principe d'une juste répartition de l'Impôt, c'est que chacun doit contribuer aux charges de l'État en raison de sa richesse. Or, un commerce, une industrie, une profession peuvent être considérés comme un fonds productif, comme un élément de la richesse, et par suite entrer en ligne de compte dans l'évaluation de la contribution. Mais par la même raison, et en vertu du principe d'égalité , toutes les professions libérales et toutes les fonctions salariées, actuellement exemptées de l'impôt, devraient y être soumises. Je trouve en outre fort peu rationnel le système des catégories de patentables, vu qu'un pa-

tentable d'une catégorie gagne souvent beaucoup plus qu'un
autre d'une catégorie supérieure ; et cette différence est encore
plus fréquente entre deux patentables de la même classe et habitant la même localité. Enfin , l'objet de la patente étant un
fonds productif, aussi bien qu'un champ ou une vigne , pour-
qnoi ne pas le faire entrer, avec le champ ou la vigne, dans
l'évaluation de la richesse totale , sur laquelle on établirait un
impôt unique ? Si le patentable paie suivant ses moyens, et
non suivant la catégorie à laquelle on l'a attaché , l'impôt par-
ticnlier de la patente reste sans but.

CHAPITRE III.

AVANTAGES D'UN IMPOT UNIQUE.

Un Impôt *unique*, établi sur le revenu, et remplaçant toutes
les diverses contributions directes et indirectes , se présente
comme le plus simple, le plus facile, le plus rationnel et le plus
juste de tous les systèmes d'Impôt.

En l'adoptant , 1° Vous abolissez , sans priver l'État de ressources , tous les impôts vexatoires et injustes , tels que ceux
dont je viens de faire la critique,

2° Vous établissez la République sur la seule base solide et
inébranlable, l'assentiment et l'amour des masses populaires.

3° Vous faites une économie énorme sur les frais de percep-
tion, puisque vous supprimez le nombreux personnel des contributions indirectes.

4° Vous rendez la vie du peuple à meilleur marché par la
suppression de tous les impôts de consommation ; et vous al-
légez en outre ses charges en les faisant partager par tous ceux
qui en étaient exemptés , rentiers , fonctionnaires ; médecins ,
avoués, etc.

5° Vous évitez , en général, les déficits au moyen de recettes
fixées d'avance et excédant les dépenses prévues.

6° Vous facilitez la vérification des comptes de l'État, et rendez par là même les malversations plus difficiles.

Je conviens que le système d'un impôt unique offre une grande difficulté, celle d'arriver à la connaissance de la richesse réelle de chacun, surtout quand elle consiste en numéraire. Mais cette difficulté est commune à tous les systèmes de contributions qui prennent la justice et l'équité pour bases. Sans doute nous n'atteindrons jamais à une exactitude parfaite; mais nous en approcherons autant que possible. Au surplus, les erreurs et les injustices, au lieu d'être imputables aux législateurs, seront la conséquence inévitable de fraudes individuelles; et ces fraudes deviendront d'autant plus rares que tous les contribuables auront un intérêt collectif à les prévenir, puisque, en diminuant le produit total de l'Impôt, elles en feraient élever le taux, au préjudice de tous les revenus qui ne se peuvent dissimuler. Et puis l'État pourra être armé de lois sévères et efficaces contre les fraudeurs, sans compter les mesures préventives que suggèrera la prudence.

Encore une fois, le système d'un Impôt unique n'est pas sans défaut; il a seulement l'avantage d'être le moins défectueux de tous. Dans l'application, il peut offrir certains inconvéniens, mais beaucoup moins que les autres; et ces inconvéniens, la réflexion et l'expérience apprendront peu à peu à les éviter.

Nos législateurs veulent arriver par gradation à l'Impôt proportionnel, qu'ils regardent comme le seul juste et équitable. Ont-ils compris qu'ils ne peuvent atteindre ce but sans en venir à l'*Impôt unique?* Et s'ils l'ont compris, pourquoi renvoyer dans un avenir indéfini une réforme qu'on peut opérer dès demain? Est-on juste quand on diffère de l'être? Le peuple n'a-t-il pas droit à la justice aujourd'hui même? Vous l'avez dans la main, cette justice : pourquoi la retenez-vous?

Mais en votant l'Impôt proportionnel, il paraît que l'Assemblée nationale n'a pas songé qu'elle votait l'Impôt unique; et je rencontre bien des personnes qui ont peine à le comprendre. Cependant rien de plus certain : car si chacun paie une somme d'impôts proportionnelle à sa fortune ou à son revenu , celle somme n'équivaut-elle pas à un impôt unique établi sur la totalité des revenus ? et ne serait-il pas puéril de la décomposer en plusieurs impôts proportionnels de diverses dénominations ? quel but cela aurait-il, si ce n'est de substituer la complication à la simplicité ? D'un autre côté, de tous les impôts actuels il n'y a que le foncier qui soit proportionnel. Tous les autres doivent donc être abolis, non seulement comme injustes et vexatoires, mais comme contraires à la Constitution. Et comment les abolira-t-on sans arriver à l'impôt unique ?

L'impôt unique est donc inscrit dans la Constitution ; et, tant qu'il ne sera pas réalisé, nous aurons droit de le réclamer au nom de la justice et de la loi. Et s'il est vrai que la violation de la justice et de la loi est un désordre, nul ne peut se dire ami de l'ordre s'il ne demande l'impôt unique et s'il ne concourt de tous ses moyens à le réaliser.

J'ai dit que l'impôt unique doit être assis, non sur le capital, mais sur le revenu, parce qu'il y a des capitaux stériles qui, ne pouvant fournir aucun moyen de payer l'impôt, doivent en être exemptés ; tandis que tout revenu est essentiellement imposable. Ainsi plus de revenu privilégié, plus de capital stérile soumis à l'impôt. Quant au revenu variable, on en prendra la moyenne ; et s'il est impossible de la fixer, on aura égard aux variations d'année en année. Mais tiendra-t-on compte des charges qui grèvent le revenu et du nombre des personnes qui en vivent ? Sans doute la perfection absolue du système le demanderait, et même, dans certains cas, cela peut devenir nécessaire ; mais en général, pour éviter de nombreuses difficultés, on négligera comme par le passé ce degré de perfection, qui n'a jamais été réclamé par la voix publique.

L'impôt unique sera-t-il réparti comme aujourd'hui les impôts directs ? Fixera-t-on d'abord la somme totale que devra payer la nation ? et, après avoir partagé cette somme entre les départemens, divisera-t-on le contingent du département entre les arrondissemens, celui de l'arrondissement entre les communes, et celui de la commune entre les contribuables ? Ce mode de répartition est sujet à beaucoup [trop d'erreurs et d'injustices : erreurs à l'égard des départemens, erreurs à l'égard des arrondissemens, erreurs à l'égard des communes, erreurs à l'égard des individus. Ceux-ci peuvent réclamer contre les injustices qui les blessent ; mais une commune réclamera-t-elle ? Pour cela, elle doit savoir qu'elle paie dans une plus forte proportion que les autres, et partant bien connaître sa richesse relative et celle des autres : chose bien difficile. Et si la commune ne réclame pas, comment l'arrondissement, comment, à plus forte raison, le département réclamera-t-il ?

En simplifiant la répartition, l'impôt unique supprimera les trois quarts des chances d'erreur. Un jury répartiteur sera nommé dans chaque commune par le suffrage universel ; il procèdera d'abord à l'évaluation des revenus de chaque contribuable, s'aidant pour cela soit du cadastre, soit des anciens rôles des contributions, soit des opérations des géomètres, soit des renseignemens puisés dans la notoriété publique, soit des déclarations du contribuable lui-même, etc. Et celui-ci devra savoir que, s'il dissimule une partie de ses revenus, non seulement il vole ses concitoyens en mettant à leur charge ce qu'il se dispense de payer, mais qu'il s'expose à une forte amende et à d'autres pénalités. Il sera dressé un état des revenus de la commune, dont une copie, transmise au chef-lieu du canton par une délégation du jury répartiteur, y servira de base à l'état général des revenus du canton ; la somme des revenus des cantons donnera celle des revenus de l'arrondissement ou du département ; et la somme des revenus des départemens sera le total de la matière imposable. Alors rien de plus facile à l'Assemblée nationale que de fixer le taux général de l'impôt, d'après lequel le jury répartiteur déterminera la cote de chaque contribuable par une simple opération d'arithmétique.

CHAPITRE IV.

SYSTÈME D'IMPOT PROGRESSIF.

L'Impôt unique peut être proportionnel ou progressif. Il est proportionnel si un revenu deux fois plus fort qu'un autre paie une cote deux fois plus forte. Il est progressif si, le revenu doublant, la cote fait plus que doubler. Aujourd'hui la somme d'impôts de toutes sortes payée par le contribuable n'est ni proportionnelle ni progressive ; ou plutôt elle est progressive à rebours, progressive du riche au pauvre, progressive de l'opulence à la misère : plus est faible le revenu, plus est forte en proportion la part que lui enlève le fisc. A ce système inique et barbare, on reconnaît bien la monarchie : la monarchie, cette pompe aspirante, à nombreux pistons, qui enlève constamment à la basse classe les produits et les bénéfices de son travail, pour les déverser, en richesses et en jouissances, sur les hautes classes de la société.

En rendant l'Impôt proportionnel, on opère sans doute une réforme sociale, on fait un pas vers la justice. Mais si l'Impôt proportionnel est le bien, l'Impôt progressif est le mieux : l'un convient à un peuple juste, mais égoïste ; l'autre à un peuple humain et charitable, pour qui la fraternité n'est pas un vain mot. Le premier paraît plus conforme à la justice sociale, le second à la justice naturelle, qui seule est divine. Le progressif, comme le proportionnel, est nécessairement unique, ne pouvant s'établir que sur la totalité des revenus du contribuable.

Les systèmes de progression imaginés jusqu'ici m'ont paru si défectueux que j'ai essayé d'en trouver un meilleur. En voici l'exposé sommaire :

Je suppose d'abord un impôt proportionnel de 10 p. 0/0 sur tous les revenus. Ce taux général peut varier suivant les besoins de l'Etat, et s'élever à 11 p. 0/0, 12 p. 0/0, etc., ou descendre à 9 p. 0/0, 8 p. 0/0, etc.

Ensuite, pour établir la progression, je décompose chaque revenu en une série d'autant de mille francs qu'il y en a dans ce revenu. Par exemple, dans 3,000 fr., il y aura un 1er mille, un 2e mille et un 3e mille; et dans 10,000 fr., il y aura un 1er mille, un 2e mille, un 3e mille,......, un 9e mille et un 10e mille.

Le 1er mille, ainsi que ses fractions, n'est soumis qu'au taux général de l'impôt, c'est-à-dire qu'il paie 10 centimes par franc, ou 10 p. 0/0. Ainsi un revenu de 1,000 f. paiera 100 f.

Le 2e mille, ainsi que ses fractions, paiera 1 millime (0 fr. 001) par franc de plus que le 1er mille, ou 1 centime pour 10 fr., 1 décime pour 100 fr. et 1 franc pour 1,000 fr.

Le 3e mille, ainsi que ses fractions, paiera 2 millimes par franc de plus que le 1er mille, le 4e 3 millimes, le 5e 4 millimes, le 6e 5 millimes, et ainsi de suite.

D'après cette marche, combien paiera par exemple un revenu de 4,500 fr. ?

Il paiera, à raison de 10 p. 0/0, 450 fr.; et à raison de la progression, le 2e mille paiera en sus 1 fr., le 3e 2 fr., le 4e 3 fr.; enfin les 500 fr., fraction d'un 5e mille, paieront en sus 4 millimes par franc, ce qui fait 500 fois 4 millimes, ou 2,000 millimes, ou 2 francs. Ainsi un revenu de 4,500 fr. paiera 450 fr., plus 1 fr., plus 2 fr., plus 3 fr., plus 2 fr. : en tout, 458 fr.

Combien paieront 30,000 fr. de revenu?

Ils paieront, à raison de 10 p. 0/0, 3,000 fr.; et à raison de la progression, 1 fr. en sus pour le 2e mille, 2 fr. pour le 3e, 3 fr. pour le 4e, 4 fr. pour le 5e,....., 28 fr. pour le 29e, et 29 fr. pour le 30e. Pour calculer la somme totale à ajouter aux 3,000 fr., on remarque que c'est la somme des termes d'une progression arithmétique dont le premier terme est 1, le dernier 29, et le nombre des termes 29 : elle est donc égale à 1/2 de 1 plus 29, ou de 30, multiplié par 29, c'est-à-dire à 15 multiplié par 29, ou à 435. Donc 30,000 fr. paieront 3,000 fr. plus 435 fr., ou en tout, 3,435 fr.

On trouvera de la même manière que 100,000 fr. de revenu paieront d'un côté 10,000 fr. ; et de l'autre, 1/2 de 1 plus 99, ou de 100, multiplié par 99; ce qui fait 50 multiplié par 99, ou 4.950 fr. : en tout, 14,950 fr.

Et 500,000 fr. paieront d'un côté 50,000 fr. ; et de l'autre, 1/2 de 1 plus 499, ou de 500, multiplié par 499, ce qui fait 124,750 fr. : en tout, 174,750 fr.

Il est clair qu'en continuant à s'élever à des revenus de plus en plus grands, on atteint une certaine limite que le revenu ne peut dépasser sans que le 1er mille supérieur paie 1 fr. par franc, le 2e 1 fr. plus 1 millime, le 3e 1 fr. plus 2 millimes, et ainsi de suite. Au-dessus de cette limite, tout l'excédant de revenu est donc absorbé par l'impôt ; et même, si cet excédant est de plus de 1,000 fr., il ne suffit plus à acquitter son impôt, et diminue par là même le revenu net.

J'appelle cette limite le *maximum du revenu imposable*, correspondant au *maximum du revenu net*, et au *maximum du capital*.

Or, dans la série, c'est le 901e mille qui paie 1 fr. par franc, puisqu'il paie, par franc, 10 centimes plus 900 millimes, ou 1,000 millimes. Donc 900,000 fr. sera le *maximum du revenu imposable*.

Et comme l'impôt que paient ces 900,000 fr. est de 90,000 fr. plus 404,550 fr., ou de 494,550 fr. : si l'on soustrait cette somme de 900,000 fr., le reste 405,450 fr. est le *maximum du revenu net*.

Enfin en prenant 100 fr. de capital pour 5 fr. de revenu, nous aurons, pour *maximum du capital*, 18 millions.

Si le 2e mille, au lieu de 1 millime, payait 2 millimes par franc de plus que le 1er mille, le 3e 4 millimes, le 4e 6 millimes, etc., c'est-à-dire, si tous les termes de la progression précédente étaient doublés, le mille qui paierait 10 centimes plus 900 millimes, ou 1 fr. par franc, ne serait plus le 901e, mais le 451e. Donc 450,000 fr. serait le *maximum du revenu impo-sable*, 9 millions le *maximum du capital*, et 202,950 fr. le *maximum du revenu net*.

On élève ou on abaisse la limite du revenu soit en rendant la progression plus lente ou plus rapide, soit en diminuant ou en augmentant le taux général de l'impôt. Mais ce taux et cette progression une fois fixés, la limite du revenu net est invariable, et ne saurait être dépassée que par fraude.

Quant à celles du capital et du revenu imposable, on peut toujours les dépasser en perdant une partie de son revenu net, et si l'on doit avoir plusieurs héritiers, ce sacrifice tourne à leur avantage.

Il est clair aussi qu'on pourrait limiter le revenu net sans limiter le capital : pour cela, il suffirait d'arrêter la progression au mille qui paie 1 fr. par franc. De cette manière, tout l'excès du revenu sur le maximum allant à l'Etat sans être à charge au propriétaire, rien n'empêcherait celui-ci d'accumuler le capital autant qu'il voudrait.

Si, dans l'exposé précédent, j'ai supposé le premier mille soumis au taux général de 10 p. 0/0, c'est uniquement pour simplifier les calculs. Dans l'application, ce taux serait trop fort pour les petits revenus, et l'on doit les ménager davantage. Pour cela, voici comment je modifie mon système :

Je décompose le premier mille en dix centaines. La première centaine ne paie que 1 fr., la deuxième 2 fr., la troisième 3 fr....., la neuvième 9 fr., et la dixième 10 fr. : ce qui fait 1 centime par franc pour la première, 2 centimes par franc pour la deuxième, 3 centimes pour la troisième, 4 centimes pour la quatrième....., 9 centimes pour la neuvième, et 10 centimes pour la dixième. Ainsi 300 fr. de revenu paieront 6 fr., 500 fr. paieront 15 fr., et 1,000 fr. paieront 55 fr. au lieu de 100 fr.; ce qui réduit de 45 fr. toutes les sommes d'impôts calculées précédemment.

Ce système d'impôt progressif se distingue de tous les autres : 1° par sa régularité pour ainsi dire géométrique; 2° en ce qu'il évite les catégories de contribuables et les palpables absurdités qu'elles entraînent; 3° en ce qu'il peut, en arrêtant la progression au mille qui paie 1 fr. par franc, assigner une limite au revenu net, sans absorber ni limiter le revenu imposable ; 4° en ce qu'il se prête avec la plus grande facilité aux variations des besoins de l'Etat. S'agit-il, par exemple, de diminuer les impôts ? Sans toucher à la progression, on abaissera le taux général de 10 p. 0/0 à 9 p. 0/0, 8 p. 0/0, 7 p. 0/0, etc. S'agit-il au contraire de grossir le budget ? On a pour cela deux moyens : on peut, sans changer ma progression primitive, élever le taux général de l'impôt, et ce moyen frappe le pauvre autant que le riche ; ou bien, sans changer le taux général de l'impôt, on multiplie tous les termes de la progression par un nombre convenable, tel que 6/5, 5/4, 3/2, 2, 11/5, 9/4, 5/2, 3, etc., et ce moyen frappe principalement le riche. Il suit de là que mon impôt progressif peut produire autant et aussi peu qu'on voudra. Il serait donc absurde de dire qu'il produira moins que l'impôt proportionnel.

— Mais, dira-t-on, comme l'impôt progressif abaissera les hautes fortunes, l'effet de la progression ira diminuant d'année en année ?

— Cette diminution s'arrêtera dans une courte période. Car les fortunes colossales s'étant abaissées jusqu'au maximum du capital, tendront à s'y maintenir ou du moins à descendre le moins possible au-dessous ; et celles qui seront de beaucoup inférieures au maximum tendront toujours à s'élever et à se rapprocher de cette limite.

D'ailleurs, l'impôt progressif donnant les moyens d'amortir et d'éteindre la dette publique, il en résultera, d'année en année, une grande diminution dans les dépenses de l'Etat. Et qu'importe que le produit de l'impôt diminue, si les dépenses publiques suivent la même marche ? En outre, si les ressources de l'impôt progressif permettent de vastes améliorations qui enrichissent le pays, l'effet de cet accroissement de la richesse nationale ne compensera-t-il pas la diminution des grandes fortunes ?

— A en croire certains alarmistes, tout ne sera que fraude avec l'impôt progressif : comme si les masses qu'il favorise devaient conspirer pour le rendre impossible, ou comme si les riches qu'il grève composaient la classe la moins honorable de la société, celle dont la bonne foi doit être toujours suspecte.

— Qu'on veuille l'impôt progressif, et tous ces fantômes disparaîtront, toutes ces chimères s'évanouiront, et l'on reconnaîtra que ce noir tableau, qu'on charge à plaisir, n'est qu'un pur épouvantail. Que d'effrayantes choses ne disait-on pas de la liberté de la presse, avant que les peuples l'eussent conquise comme un droit inviolable ! On a passé outre, et la liberté de la presse n'effraie plus que l'injustice et la tyrannie. Les fraudes, avons-nous dit, auront contre elles l'intérêt général des contribuables ; et s'il en est qu'on ne puisse éviter, elles n'auront d'autre résultat que d'atténuer les effets de l'impôt progressif et de le rapprocher de l'impôt proportionnel.

— Les mêmes alarmistes exagèrent les difficultés pratiques de l'impôt progressif. L'une de ces grandes difficultés sera, selon eux, de réunir toutes les cotes distinctes qui se rapportent au même contribuable, et de diviser celles qui, sous un même nom, appartiennent à des intérêts distincts.

— Cette division s'effectuera d'elle-même, vu qu'elle sera dans l'intérêt des contribuables et la réunion des cotes qui se rattachent au même nom n'offrira guère plus de difficulté, quand le contribuable saura que, s'il ne l'effectue de lui-même par une déclaration loyale et spontanée, il sera passible d'une très forte amende, qu'il ne pourra se flatter d'éviter à cause de la facilité des communications.

— On tire une autre difficulté des valeurs échangeables, telles que les coupons de rentes sur l'Etat, qui forment une richesse de près de 6 milliards. Il sera impossible, dit-on, de les soumettre à l'impôt progressif, à moins de les rendre fixes et personnelles en fermant la Bourse.

— Quel mal y aurait-il à prendre cette dernière mesure ? On a bien fermé toutes les autres maisons de jeu, toutes les autres cavernes de voleurs : pourquoi ne fermerait-on pas la plus dangereuse de toutes, celle où le vol prend les plus vastes proportions ? Ne serait-ce pas là un acte d'une haute moralité ? et une République vraiment *honnête* ne le regarderait-elle pas comme un devoir ?

Mais en supposant que les valeurs échangeables continuent à l'être, quand vous pourrez les saisir au passage et les soumettre à l'impôt proportionnel, rien n'empêchera de les soumettre à l'impôt progressif. Pour cela, il suffira de savoir quel en est le possesseur actuel, et d'exiger le certificat de sa cote d'impôt ou du montant de ses revenus. S'il a, par exemple, 30,000 fr. de revenu, et que la valeur échangeable élève cette somme à 32,000 fr., ce sera un 31e et un 32e mille dont il s'agira de prélever l'impôt : ce qui donnera, à raison de 10 p. 0/0, 200 fr.; et à raison de la progression, 30 fr. pour le 31e mille et 31 fr. pour le 32e : en tout 261 fr.

— Il me reste à prévenir une question qu'on peut me poser relativement aux octrois, dont l'impôt unique entraîne la suppression : comment les remplacera-t-on ? sera-ce par un second impôt progressif ?

— Je ne le pense pas. Il me semble plus convenable de pourvoir aux dépenses particulières des villes et des communes rurales au moyen de centimes additionnels, que chaque habitant contribuable paiera proportionnellement à sa fortune ; de sorte que ces centimes additionnels augmenteront le taux général de l'impôt sans rien changer à la progression.

CHAPITRE V.

UTILITÉ DE L'IMPÔT PROGRESSIF.

L'impôt unique et progressif, tel qu'il vient d'être exposé, ne fait qu'effleurer la gêne, ménage l'aisance, pèse légèrement sur la moyenne richesse, et ne s'appesantit que sur l'opulence ou l'excès de superflu. Quoi de plus raisonnable et de plus conforme à l'humanité !

Jusqu'ici une misère plus ou moins intense a été le partage du plus grand nombre. Atténuer cette misère et multiplier l'aisance : tel doit être le résultat de l'impôt progressif : d'abord parce qu'en augmentant les charges en haut, il les diminue en bas ; ensuite parce qu'en assignant un maximum au revenu, il décentralise et divise les capitaux.

En effet, la somme des vraies richesses d'un pays ayant constamment une limite plus ou moins élevée, il n'est pas possible qu'elles s'accumulent outre mesure sur un certain nombre de points, sans que, partout ailleurs, le vide s'en fasse sentir. L'extrême opulence engendre donc nécessairement l'extrême misère : pour quelques riches qui regorgent de superflu, il y a beaucoup de pauvres qui manquent du nécessaire. Un petit nombre d'accapareurs de denrées peuvent produire une disette factice ; et pour absorber tout le capital de la France et faire de nous un peuple d'indigens, combien faudrait-il de Louis-Philippe et de Rotschild ?

L'impôt progressif met un obstacle presque insurmontable à la création et au maintien de ces fortunes colossales. Il tend par une action incessante à corriger les grandes inégalités de fortune, à combler les profondeurs de la pauvreté en abaissant les sommets de l'opulence, à accroître l'aisance de tout ce qu'il ôte au superflu. Il tend à réaliser en partie, au point de vue social, cette antique prophétie : « Toute vallée sera comblée et toute montagne abaissée. »

On objectera que les grandes entreprises commerciales, industrielles et agricoles demandent de grands capitaux.

Sans doute. Mais si une entreprise utile dépasse les forces d'un seul, plusieurs s'associeront pour former un capital suffisant : et l'entreprise, au lieu de donner à un seul un excès inutile de richesse, pourra procurer à plusieurs l'aisance et le bien-être. D'ailleurs l'Etat, qui, sous la République, n'est que la nation se gouvernant et s'administrant elle-même ; l'Etat usant, dans l'intérêt de tous, des vastes ressources que lui fournira l'impôt progressif, entreprendra lui-même les grandes améliorations, les grands travaux utiles, et soustraira peu à peu le travailleur à l'exploitation impitoyable du riche. Entre ses mains, ou sous son intelligente direction, ces merveilleuses machines qui furent aux mains du riche des instrumens de misère et d'oppression, deviendront des instrumens de bien-être général, en allégeant le travail et en augmentant la somme des produits. Aujourd'hui surtout que le capital, par crainte, par spéculation, ou par haine de la République, laisse le prolétaire sans travail et sans ressources, ne serait-il pas urgent de donner à l'Etat les moyens de réaliser le droit au travail, d'utiliser pour le bien public tant de bras inoccupés, et de multiplier dans toute la France les bienfaits de l'association ? Et sans l'impôt progressif et d'autres institutions analogues, où trouverait-on ces moyens ?

On dira peut-être, pour prouver l'utilité sociale des grandes fortunes, que le riche donne du travail au pauvre.

C'est vrai. Mais tandis qu'il s'enrichit à l'excès du travail du pauvre, celui-ci reste dans la misère et à la merci de ceux qui l'emploient. L'impôt progressif, en posant une limite à la richesse, en mettra une à la cupidité ; et le riche ayant moins d'intérêt à exploiter le travailleur, il en résultera souvent une augmentation de salaires, qui permettra au pauvre d'acquérir une honnête aisance. Et puis si les riches occupent moins d'ouvriers, il y aura aussi, par suite de la diminution de la misère, moins d'ouvriers qui aient besoin de travailler chez les riches ; et le prolétaire inoccupé aura la ressource d'être employé par l'Etat, ou d'entrer dans une association de travailleurs.

On dit encore que limiter la richesse individuelle, c'est nuire à l'émulation, aux améliorations, au progrès.

Ou le progrès à accomplir n'a qu'une utilité privée, ou il en a une de générale. Dans le premier cas, il s'accomplira si celui qui l'a conçu en a besoin ; et s'il n'en a pas besoin, qu'importe qu'un tel progrès n'ait pas lieu ? Dans le second cas, le désir de la réputation, si ce n'est le pur patriotisme, suppléera au-

désir de la fortune. Moins préoccupé d'intérêts matériels, le riche aura plus de temps pour penser aux choses grandes et généreuses ; et ses concitoyens reconnaissans paieront ses services en une monnaie qui a bien aussi son prix : en considération, en gloire, en honneurs. Au surplus la République, au lieu de mettre obstacle au progrès en faisant acheter fort cher les brevets d'invention, favorisera sans doute les inventions utiles, les adoptera, les propagera et les fera tourner au profit de toute la société.

On peut objecter en outre que l'impôt progressif, en diminuant le nombre des hommes opulens, augmentera celui des riches, et partant celui des oisifs qui consomment sans rien produire. Or, tous ceux qui consomment sans produire, sont une cause d'appauvrissement pour la nation. C'est le travail qui produit, c'est le travail qui féconde le capital, c'est le travail qui crée la vraie richesse d'un pays. Augmentez le nombre des oisifs : en diminuant la somme du travail, vous réduisez celle des richesses, vous appauvrissez la nation, vous aggravez la misère.

Admettons que l'impôt progressif rende plus commune la richesse ou la possession d'un superflu plus ou moins considérable. S'il multiplie le superflu, il multipliera aussi l'aisance ; et l'aisance affranchit le travail ; celui qui la possède, au lieu de travailler chez les autres, aime bien mieux travailler chez lui et pour son propre compte. De là la nécessité, pour un certain nombre de riches, de ne pas dédaigner le travail manuel. Et même si l'aisance devenait aussi générale que l'est actuellement la misère, presque tous les riches seraient obligés au travail : et alors l'impôt progressif aurait produit un effet tout contraire à celui qui fait l'objet de la difficulté.

Or ce dernier résultat, de rendre le travail nécessaire aux riches, résultat sans doute fort éloigné, mais qu'entrevoient peut-être les adversaires de l'impôt progressif et de l'amélioration du sort des classes pauvres, ne doit-on pas le regarder comme une calamité sociale ?

Dé même qu'il y a dans un pays une somme limitée de richesses, qui, en se concentrant dans un petit nombre de mains, laissent la misère en partage au gros de la nation, et en se divisant, multiplient l'aisance et le bien-être; de même, il y a, pour produire ou pour féconder ces richesses, une certaine somme de travail qui, en se concentrant, accable le travailleur, et bien partagé, deviendrait une source de jouissances, une cause de santé, un agent de moralisation. La Bible, qui ne manque pas d'une sagesse profonde, dit d'un côté : « L'homme est né pour le travail »; de l'autre : « L'oisiveté a enseigné tout le mal »; et en nous montrant, dans Adam et Eve innocens, l'idéal du bonheur terrestre, elle nous apprend qu'ils s'occupaient de culture dans le délicieux Eden. C'est l'excès de travail qui est une source de souffrances; mais le travail modéré, loin de rendre le riche malheureux, lui procurerait des jouissances inconnues, et le délivrerait souvent du pénible fardeau de l'ennui.

Détruisez le préjugé ridicule qui attache un certain honneur aristocratique à s'abstenir de travaux manuels; et ces travaux, comme l'exercice de la chasse, ne manqueront pas d'attrait même pour le riche. Or, si vous répandez l'aisance parmi les travailleurs, vous leur facilitez par cela seul les voies de l'instruction et de l'éducation; et par l'éducation vous les élevez au niveau des riches; vous les anoblissez en quelque sorte, et avec eux les travaux manuels. D'un autre côté, si un certain nombre de riches, soit nécessité, soit raison ou patriotisme, s'affranchissent du préjugé féodal qui abandonne ces travaux à la classe pauvre, leur exemple contribuera puissamment à discréditer ce préjugé et à introduire dans nos mœurs la pratique de l'*égalité* et de la *fraternité*. Une fois mise dans cette voie, pourquoi la société n'irait-elle pas jusqu'à la raison et au bon sens, et n'attacherait-elle pas un véritable honneur à tout travail utile ou nécessaire? Et alors que de bien-être, que de richesses, que de vraies jouissances ne procurerait pas à la société l'émulation du travail substituée au désir de l'oisiveté et à l'ambition d'un puéril étalage de luxe ! Il est à souhaiter que le gouvernement et l'Assemblée nationale, la presse et la littérature, et tous les riches animés d'un vrai patriotisme, concourent ensemble à ce progrès social : ils auront bien mérité de l'humanité.

Quant aux riches qui, par mollesse, par orgueil et par égoïsme, redouteraient ce résultat, je les prie de peser ce que je vais leur dire : « En vous opposant systématiquement à l'amélioration du sort des travailleurs, vous luttez contre les tendances générales de l'opinion publique, et vous donnez une apparence de bon droit aux prétentions communistes, que vous affaibliriez au contraire par de sages concessions. Le danger que suspend sur vous le Communisme n'est ni petit ni chimérique ; croyez-moi, il vaut la peine que vous l'éloigniez en rendant justice aux pauvres selon l'esprit du Christianisme.

» Que craignez-vous d'ailleurs de l'impôt progressif, et d'autres institutions de ce genre ? Les conséquences que vous avez le plus à cœur d'éviter, ce n'est pas de votre vivant qu'elles auront le temps de se produire ; elles ne concernent que vos descendans. Or, ou vous ayez des enfans, ou vous n'en ayez pas. Si vous n'en avez pas, que vous importe que des riches futurs, que vous ne pouvez connaître, mettent la main à la charrue, et que leurs femmes s'occupent quelquefois de cuisine ou de couture ? Quel mal verriez-vous, pour l'avenir de l'humanité, à ce que des mœurs un peu plus raisonnables remplacent les mœurs efféminées et les préjugés ridicules de la civilisation actuelle ?

» Si vous avez des enfans, quand eux ou vos petits-fils seront réduits à ne plus vivre, en plantes parasites, de la sève de la société, ce ne sera pas un malheur pour eux, parce qu'ils y seront amenés insensiblement par le progrès continu des choses et des idées sociales. Que savez-vous d'ailleurs si vos fils ou vos petits-fils ne tomberont pas un jour dans la misère, et si en travaillant contre la classe pauvre, vous n'aurez pas été l'ennemi de votre propre sang ? Chez un peuple qui conservait religieusement ses généalogies, l'histoire nous montre un exemple frappant de la décadence des familles : un descendant de

David et de Salomon maniait la hache et le rabot dans une obscure bourgade de la Judée ; et son humble fiancée, qui vivait aussi du travail de ses mains, descendait de la même souche. Secouez donc cet égoïsme à courtes vues, et sachez comprendre que celui qui travaille à l'amélioration du sort du plus grand nombre, travaille réellement pour plusieurs de vos descendans. »

Les avocats des riches répètent souvent avec une apparence de raison, que les grandes fortunes entretiennent le luxe, et que le luxe développe le commerce et fait vivre des milliers de travailleurs. « Avec l'impôt progressif, ajoutent-ils, un petit nombre d'années suffiront pour transformer les grandes villes en de vastes et insignifiantes bourgades. Adieu ces grands foyers de luxe, de civilisation et d'industrie ; adieu les merveilles de l'art et les chefs-d'œuvre de la pensée. »

Admettons que les grandes villes perdent un peu de leur splendeur et de leur force absorbante et attractive ; qu'en résultera-t-il ? Les campagnes seront moins délaissées, l'agriculture plus florissante, l'abondance plus générale, la vie à meilleur marché. La production des objets vraiment utiles s'accroîtra, soit à cause des grandes améliorations que l'impôt progressif permettra d'exécuter, soit parce que les masses populaires travailleront avec plus d'ardeur quand elles posséderont les instrumens du travail, soit enfin parce que, les capitaux étant plus divisés, on aura un intérêt plus pressant à les faire fructifier le plus possible.

Quant à la perte de la civilisation et de l'industrie, des merveilles de l'art et des chefs-d'œuvre de la pensée, ce n'est là qu'un rêve d'une imagination préoccupée : l'impôt progressif ne détruira ni le génie, ni le goût du beau, ni l'amour de la vérité, ni la science, ni les arts utiles. Que s'il porte quelque atteinte au luxe, il y aura peut-être un peu moins de marchands qui exploitent le public ; ou leur nombre restant le même, il leur faudra quelques années de plus pour amasser une grosse fortune. Toutefois, il est permis de supposer que l'aisance devenant plus commune, le commerce gagnerait du côté des masses ce qu'il perdrait du côté des riches.

Pour moi, je serais loin de redouter la diminution du luxe. Le luxe, en général, est à mes yeux une maladie sociale, une cause très vaste et très active de misère et de corruption. Il crée une infinité de besoins factices dont l'homme est aussi esclave que des besoins réels; et l'on a d'autant moins de ressources pour satisfaire ceux-ci, qu'on en dépense davantage à satisfaire ceux-là. Il occupe inutilement des masses de personnes valides, qu'il enlève aux travaux utiles. Tour-à-tour cause et effet des mœurs frivoles et efféminées d'une société corrompue, il surexcite la cupidité, engendre ou aggrave l'exploitation de l'homme par l'homme, entretient l'orgueil des distinctions sociales, et met un obstacle fatal à la réalisation des principes d'égalité et de fraternité.

Si l'impôt progressif diminue le luxe, il blessera sans doute beaucoup d'intérêts individuels. Mais faut-il favoriser les maladies parce que les médecins et les apothicaires en vivent? Faut-il éterniser les abus pour ménager ceux qui en profitent? Opérera-t-on jamais une réforme politique ou sociale, si l'on a égard à tous les intérêts individuels? Celui qui vit du luxe vivra tout aussi bien et même plus sûrement de travaux réellement utiles; et les produits de ces travaux contribueront à l'abondance et à la richesse nationale. Le luxe est inutile, on peut s'en passer: il vient un moment où l'on s'en passe; et alors des milliers de familles qui en vivaient sont plongées dans la misère. L'existence de celui qui travaille pour le luxe n'est donc jamais assurée. Est-il un point de la France où l'on trouve une misère aussi intense qu'à Paris? et pourtant c'est la ville des riches, la ville des fortunes scandaleuses, la ville du luxe par excellence. Je ne crois donc pas que le luxe des grandes villes doive prévaloir sur les intérêts bien plus sérieux que favorise l'impôt progressif.

Mais les avocats des riches vont invoquer contre nous les intérêts de la grande culture, qu'ils nous accuseront d'anéantir;

en amenant un morcellement forcé de tous les grands domaines.

Observons que le morcellement du sol est, en général, très favorable à la production : plus la terre est divisée, mieux on la cultive et plus on la rend fertile. Toutefois, s'il est des pays où la culture en grand soit plus avantageuse que la petite culture, on la pratiquera malgré la division des propriétés ; plusieurs petits propriétaires formeront, en s'associant, un grand propriétaire collectif ; et les bénéfices de la grande culture, au lieu de profiter à un seul, se répartiront entre tous les associés. Peut-on dire d'ailleurs qu'un impôt progressif qui permet à un propriétaire de posséder une vingtaine de millions de capital, divisera le sol au point d'anéantir la grande culture ? Lors même que la progression limiterait le capital à une dixaine de millions, le morcellement du sol qui s'en suivrait, ne développerait-il pas la production au lieu de l'amoindrir ?

L'objection suivante n'est pas plus sérieuse : « Avec l'impôt progressif, dit-on, une acquisition offrira des avantages fort inégaux suivant la fortune de l'acquéreur ; car plus celui-ci est riche, plus la propriété acquise sera frappée par l'impôt. La concurrence sera donc réduite et les immeubles dépréciés. »

Supposé que cette dépréciation se réalise, il me semble qu'il n'en résultera pas grand mal pour la société. L'acheteur y gagnera ce qu'y perdra le vendeur, et pour le pays il n'y aura en définitive ni gain ni perte. Je dis plus : l'inégalité des avantages d'une acquisition ne peut que produire un bon résultat en rendant le riche moins accapareur, et en donnant à celui qui n'a rien plus de facilité de devenir propriétaire.

Que penser du danger politique signalé par M. Servière à la tribune de l'Assemblée nationale ? « L'impôt progressif, disait-il, aliénera de la République les gros propriétaires, qui exercent une grande influence sur les petits propriétaires et sur ceux qui ne possèdent pas.

Vraiment, M. Servière ! vous croyez bonnement que les petits propriétaires et ceux qui ne possèdent pas maudiront la

République parce qu'elle allégera leurs charges, qu'elle abolira les droits-réunis, qu'elle rendra l'instruction gratuite et qu'elle donnera du travail utile aux prolétaires jetés sur le pavé par les riches ? Non, vous ne le croyez pas ; vous savez bien que la République ne sera fondée que du moment où elle aura réalisé toutes ces réformes ; alors seulement les gros propriétaires essaieront en vain d'égarer les masses et de leur faire regretter la monarchie. Or, le moyen d'opérer toutes ces grandes réformes? Je défie les neuf cents représentans d'en trouver un autre que l'impôt unique et progressif.

CHAPITRE VI.

REMÈDES AUX DANGERS POSSIBLES DE L'IMPÔT PROGRESSIF.

L'impôt progressif peut offrir quelques inconvéniens qu'il est de notre devoir d'apprécier.

Comme il frappe le numéraire aussi bien que la propriété foncière, les personnes qui auront de l'argent le cacheront ou le prêteront en secret, pour le soustraire à l'impôt.

Ceux-là surtout thésauriseront qui, possédant le maximum du capital, ne pourraient l'accroître ostensiblement sans diminuer leur revenu net, du moins si la progression se prolongeait indéfiniment. Voilà un riche économe et peu généreux, il a 405,000 fr. de revenu annuel, et il en dépense à peine 200,000. Que fera-t-il du restant ? il le convertira en espèces, qu'il serrera dans un coffre-fort pour les cas imprévus. Au moment où la loi de l'impôt progressif sera adoptée, les possesseurs de grosses fortunes de 30, de 50, de 100 millions, etc., se hâteront de réduire au maximum leur fortune ostensible, et de convertir l'excédant en bonnes espèces. Tout cet argent retiré de la circulation sera comme perdu pour le pays ; et cette perte produira une grande perturbation, une grande gêne dans les relations commerciales.

Autre inconvénient : celui qui prête de l'argent, sachant qu'il doit payer un impôt sur les intérêts, que fera-t-il ? Il retiendra le montant de cet impôt sur la somme prêtée, et ce sera ainsi l'emprunteur, l'homme gêné, qu'aura atteint l'impôt unique et progressif.

En résumé : 1° beaucoup de capitaux se soustrairont à l'impôt en se cachant ; 2° beaucoup de monnaie sera retirée de la circulation ; 3° celui que la gêne force à emprunter le fera désormais à des conditions plus onéreuses.

On peut dire d'abord, quant au premier inconvénient, qu'il sera moindre qu'il n'a été jusqu'ici. Car s'il y a du numéraire soustrait à l'impôt, il y en aura beaucoup qui ne le sera pas : les rentes ne le seront pas, les traitemens ne le seront pas, les créances hypothécaires ne le seront pas, les émolumens du médecin, de l'avoué, du notaire, etc., ne le seront pas, toute somme productive connue ne le sera pas. Dans le vieux système, au contraire, tous ces élémens de richesse ont été affranchis de l'impôt.

Sur le second inconvénient, l'on peut faire deux hypothèses : ou il y aura rareté d'espèces, ou non. S'il n'y a pas rareté d'espèces, qu'importe à la société la disparition à peine sensible d'un peu d'argent, puisque celui qui reste en circulation suffit abondamment à la facilité des échanges ? S'il y a rareté d'argent, ou elle sera passagère ou normale : passagère, elle ne saurait contrebalancer les avantages de l'impôt unique et progressif, qui seront permanens ; normale, outre qu'on pourra la détruire, elle ne sera guère dangereuse. Car, dans ce cas, l'argent aura plus de valeur : et que m'importe d'avoir 10 fr. au lieu de 15, si pour 10 fr. je puis me procurer autant de produits utiles que pour 15 fr. ? Il est du reste probable que cette rareté d'argent sera peu sensible ; car si les uns thésaurisent à cause de la limite posée à la fortune ostensible, *d'autres en deviendront plus prodigues de leurs revenus, plus généreux envers la classe pauvre.*

Le troisième inconvénient, relatif aux emprunts, est moins

sérieux que le précédent. Il n'y aura que l'usurier qui veuille mettre ses propres impôts sur le compte de l'emprunteur : l'honnête homme ne le fera jamais ; et pour que les banquiers s'en abstiennent, il suffira d'une défense de la loi.

Mais en supposant à ces divers inconvéniens une certaine gravité, il est facile de les prévenir au moyen des trois mesures suivantes :

1re mesure. Défendez, sous peine d'une forte amende, de faire payer à l'emprunteur l'impôt de l'argent prêté, et assimilez au voleur le contrevenant.

2e mesure. Portez une loi telle que celle-ci : *Tout capital productif soustrait à l'impôt perd ses droits aux garanties de l'État. Néanmoins, dans l'intérêt de la morale publique, l'État en poursuivra le voleur ; mais après le solde des arrérages de l'impôt, le capital sera adjugé moitié au propriétaire et moitié à la nation : il en sera de même de quelque manière que la fraude soit découverte. L'État consacrera le produit de ces amendes, et tout autre bénéfice éventuel, à l'extinction du prolétariat.*

La justice de cette loi saute aux yeux. Car pour que l'État puisse garantir au particulier une propriété, il faut que l'État existe, qu'il ait une force et une action. Or, dans l'ordre actuel des choses, l'existence, la force et l'action de l'État sont inséparables de l'impôt. On n'a donc aucun droit à réclamer une garantie, une protection de l'État du moment qu'on se soustrait volontairement à l'impôt.

L'effet de cette loi n'est pas moins palpable. Quiconque appréhendera d'être volé, ne manquera pas de soumettre à l'impôt la totalité de ses revenus. Quiconque voudra prêter à intérêt et s'assurer le remboursement des sommes prêtées, jugera prudent de ne pas les soustraire à l'impôt. Quiconque, en un mot, ne serait pas détourné par sa conscience de frauder ou de voler la nation, réfléchira devant la perspective d'une perte considérable.

3e mesure. Établissez une *Caisse nationale,* administrée par l'État, et mise, comme la poste, à la portée de toutes les parties de la France ; recevant en dépôt et prêtant tour-à-tour de grandes et de petites sommes ; payant un intérêt de 3 p. 0/0 pour les sommes déposées, et recevant 3 1/2 p. 0/0 pour les sommes empruntées.

Cette Caisse nationale remplacera et la Banque de France, et toutes les banques particulières, et les Caisses d'épargne, et les Comptoirs d'escompte, et les Compagnies d'assurance, excepté celles qui ne sont qu'une spéculation d'argent, et dont la morale demande la suppression, aussi bien que celle de la Bourse.

Pour multiplier ses bienfaits et rendre ses opérations plus sûres et plus faciles, on organisera parallèlement, par un vaste plan d'association, le crédit foncier, le crédit commercial et le crédit des arts et métiers.

Les déposans ayant le maximum du capital ne recevront que 2 p. 0/0 d'intérêt ; mais leurs sommes déposées jouiront du privilége de n'être soumises à l'impôt progressif que comme un capital à part et tout-à-fait distinct et indépendant du reste de leur fortune. Ils pourront, aux mêmes conditions, faire des dépôts d'immeubles, qui seront affermés de préférence à des prolétaires.

Quant aux autres usages de la Caisse nationale, et aux autres détails d'organisation, je les passe sous silence, n'ayant en vue ici que de donner une idée sommaire de cette institution. Mais le peu que j'en ai dit doit faire entrevoir les grands services qu'elle rendrait au pays. Par les bénéfices qu'elle procurerait à l'État, elle contribuerait à la diminution des impôts et à l'extinction de la dette publique ; par les facilités et les conditions peu onéreuses des emprunts, elle rendrait l'usure beaucoup plus rare, et favoriserait les entreprises utiles ; enfin par les garanties et les avantages qu'elle offrirait aux déposans, elle empêcherait les *riches au maximum* de rendre stériles de grandes sommes d'argent en les retirant de la circulation, ou de les placer, calcul peu patriotique et peu sûr, dans des banques étrangères.

Disposant de ces deux puissants instrumens, l'impôt progressif et la Caisse nationale, que de grandes et utiles choses l'État ne pourrait-il pas exécuter pour l'amélioration et le développement de l'agriculture, de l'industrie et du commerce : vastes travaux d'irrigation, de défrichement et de boisement, multiplication des bestiaux pour améliorer la nourriture du peuple, canalisation et endiguement de rivières, création et amélioration de routes vicinales, transport de tels produits d'une partie de la France où ils surabondent dans une partie qui en manque, etc., etc. ! Et puis, pour l'instruction et l'éducation du peuple, n'y aurait-il pas beaucoup à faire ? Et la Caisse nationale, combinée avec l'impôt progressif, ne mettrait-elle pas bientôt l'État en mesure de rendre l'enseignement plus complet, de créer des bibliothèques communales, et un journal du peuple, gratuit ou à peu près, qui contribuerait pour une bonne part à l'éducation morale, civile et politique des masses ?

CHAPITRE VII.

JUSTICE DE L'IMPÔT PROGRESSIF.

Quelque utile qu'il me paraisse, si l'impôt progressif était injuste, je me joindrais aux riches pour le combattre. Mais je le crois aussi juste qu'utile.

On peut dire, en premier lieu, que jusqu'ici la masse des impôts a pesé beaucoup plus en proportion sur le pauvre que sur le riche. C'est un fait reconnu de tout le monde, dans l'Assemblée nationale comme dans la presse, à Paris comme dans la province. Donc jusqu'ici, l'impôt a été progressif, mais en sens inverse de ce que demandait l'humanité : frappant sans pitié le nécessaire, il ménage le superflu ; son action incessante a pour effet d'enrichir le riche au détriment du pauvre, de créer et d'aggraver la misère, et d'augmenter les inégalités de fortune. Voilà l'impôt progressif que les riches ont trouvé juste d'établir et de maintenir pendant des siècles ; voilà l'impôt progressif que la majorité de nos représentans trouve juste de conserver encore indéfiniment. Et ce serait une injustice de renverser la progression , et de demander plus en proportion à l'opulence qu'à la misère ! Riches, vous n'êtes pas de bonne foi. Si vous étiez justes , vous adopteriez notre impôt progressif, du moins pour quelques années, afin de réparer les injustices du vôtre : ce ne serait là qu'une véritable restitution faite à la classe pauvre. Riches , vous vous indignez contre cette restitution ; vous traitez de communiste celui qui la demande pour ses frères qui souffrent : vous n'êtes donc pas justes.

En second lieu , quel est le riche qui , s'il voulait se rendre un compte exact de sa fortune et de ses causes , ne trouverait pas que le travail des pauvres entre pour les trois quarts dans la construction de cet édifice ?

Qu'est-ce qui procure à l'industriel ses gros bénéfices ? Le travail des pauvres.

Qu'est-ce qui fournit au marchand les matières de son commerce, et partant les moyens de s'enrichir ? Le travail des pauvres. Son travail , qui consiste en échanges et en écritures, qui le partage et en fait la majeure partie ? des commis d'ordinaire peu riches. Son travail vaut moins sans doute que celui du producteur ; et cependant c'est lui , et non le producteur, qui s'enrichit : c'est l'inverse de la justice.

Qu'est-ce qui met tous les ans la nation à même de payer les fonctionnaires et les rentiers de l'Etat, et de garantir, par l'entretien de fa force publique , la fortune de chaque citoyen ? encore le travail des pauvres.

Qu'est-ce qui donne du prix à l'argent du capitaliste et aux immeubles du propriétaire foncier ? c'est toujours le travail des pauvres, sans lequel l'un mourrait de faim au milieu de ses trésors inutiles , et l'autre n'éviterait le même sort qu'en faisant une partie du travail que d'autres exécutent pour lui.

Mais si le travail des pauvres est le principal agent de la fortune des riches , la véritable source de la richesse nationale, et ce qui seul donne de la valeur à la richesse individuelle , sera-ce donc une injustice de rendre aux pauvres , par l'impôt progressif , une faible partie de ce qu'ils donnent aux riches ?

En troisième lieu , l'individu n'a par nature rien qui lui appartienne hors lui-même , son travail et les produits de son travail : toute autre propriété, à peu d'exceptions près, est basée sur une convention sociale. La justice naturelle demanderait donc que celui qui travaille le plus soit le plus riche ; et la justice sociale la plus parfaite serait celle qui rendrait à chacun selon ses œuvres. Si une telle justice ne peut être pratiquée sur la terre dans toute sa rigueur, ce ne sera jamais une injustice d'en approcher tant soit peu : et c'est à quoi tend l'impôt progressif.

En quatrième lieu , le droit de propriété avec son extension actuelle n'étant pas un droit naturel ; mais purement social , la société qui l'a établi peut aussi , pour un bien général , le modifier et en corriger les abus. C'est ainsi qu'elle a aboli l'esclavage et le servage , qui ne sont que des abus du droit de propriété. Or les fortunes colossales , inutiles à ceux qui les possèdent, nuisent beaucoup au bien-être général : il est donc de l'intérêt de la société de leur assigner une limite ; elle en a le droit , c'est pour elle un devoir. Moïse , le plus ancien des législateurs , avait reconnu ce principe ; et il limita les fortunes foncières par la loi du Jubilé.

En cinquième lieu , le droit de vivre est antérieur et supérieur au droit de propriété. De là l'axiôme des théologiens . *Dans l'extrême nécessité tout est commun.* De là aussi le droit qu'exerce la société d'empêcher les grands accaparemens de denrées , d'où résulterait une disette. Or les accapareurs de capitaux ou de propriétés foncières produisent autour d'eux la misère ; et la grande misère abrége la vie à beaucoup de personnes et en empêche d'autres de naître. La société doit donc, pour protéger le droit de vivre , mettre une limite aux accaparemens de capitaux et de propriétés foncières.

En sixième lieu , le Créateur a dit aux hommes , non pas à

quelques-uns, mais à tous : *Croissez et multipliez-vous, et possédez la terre*. Donc exclure quelqu'un de la possession de la terre est une injustice et une violation de la loi du Créateur. Donc, tant qu'il y aura des prolétaires n'ayant rien et voulant avoir quelque chose, les fortunes immenses, les domaines de l'État, les biens communaux, les énormes traitemens de certains fonctionnaires, les 1,200,000 fr. d'un président de République, les 12, les 20, les 30 millions de liste civile des rois et des reines, etc., tous ces abus de la propriété seront une injustice sociale, un vol envers les exclus. Or, l'impôt progressif contribuera puissamment à restreindre ce vol, à réaliser pour tous le droit à la propriété, ou son équivalent, le droit au travail.

Voilà les principales raisons qui me semblent prouver la justice de l'impôt progressif.

Je passe aux objections.

« La protection de l'État, a dit M. Servière, représentant du peuple, est la même pour une fortune disséminée entre plusieurs mains ou concentrée dans les mains d'un seul. Donc l'impôt doit être le même. »

Cette conclusion n'est-elle pas d'un sophiste et d'un ergoteur ? Qui jamais s'est avisé de dire que l'impôt doit être proportionné à la protection de l'État ? qu'on paiera 1 pour une protection simple, 2 pour une protection double, et 1/2 pour une demi-protection ? Si l'impôt devait être proportionné à la protection de l'État, celui qui possède cent hectares de terre dirait à celui qui n'en a qu'un : « Mon ami, il n'est pas juste que je paie cent fois plus que toi, car l'État ne me protége pas cent fois plus que toi : je ne suis pas volé cent fois plus souvent que toi ; et quand je suis volé, on n'emploie pas cent fois plus de gendarmes pour prendre le voleur, ni cent fois plus de juges pour le condamner, ni cent fois plus de prisons pour l'enfermer, ni cent fois plus de geôliers pour le garder. Il est donc évident que la protection de l'État et les frais qu'elle entraîne sont à peu près les mêmes pour chacun de nous ; il n'est donc pas juste que je paie plus que toi. » Raisonnement tout aussi concluant que celui de M. Servière.

Ce qu'il y a d'humain et d'équitable, c'est que chacun paie en raison de ses moyens. Or, il est bien clair que celui qui jouit de 100,000 fr. de revenu a bien plus de moyens, à lui seul, de subvenir aux besoins de l'État, que cent citoyens ensemble ayant chacun 1,000 fr. de revenu. Si chacun de ces cent citoyens donne 100 fr., il lui reste 900 fr., et le total de leurs versemens est de 10,000 fr. D'un autre côté, si l'homme aux 100,000 fr. de revenu ne paie que 10,000 fr., il lui reste 90,000 fr. à dépenser pour ses besoins, ses plaisirs et ses fantaisies. Évidemment le sacrifice de celui-ci est bien moindre que le sacrifice de ceux-là, et il lui serait bien moins onéreux de donner 20,000 fr. qu'à ceux-là de donner 100 fr. chacun, ou 10,000 fr. ensemble.

On a dit que l'impôt progressif touche au Communisme.

C'est un reproche tout-à-fait gratuit. Limiter le droit de propriété n'est pas plus du Communisme que la répression des abus de la liberté n'est de la tyrannie. Autrement, il faudrait dire qu'un seul homme, Méhémet-Ali, peut être propriétaire de toute l'Egypte, et qu'une trentaine de seigneurs pourraient posséder tout le sol de la France. S'il fallait admettre ces conséquences pour n'être pas communiste, certainement nous serions tous communistes ; car ces conséquences révoltent la raison et le bon sens. Je dis plus : loin de conduire au Communisme, l'impôt progressif consolide la propriété en détruisant les abus qui en font demander l'abolition.

Mais, dira-t-on, vous voulez forcer les riches qui ont une fortune acquise supérieure à votre maximum, à se dessaisir d'une partie notable de cette fortune, à la donner à des particuliers ou à l'État, ou bien à la déposer dans une Caisse nationale d'où ils ne pourront la retirer que dans le cas d'une perte accidentelle, d'un déficit dans leurs revenus ordinaires, ou d'un partage entre plusieurs héritiers. Cela n'équivaut-il pas à une confiscation, à une spoliation ?

Quelque nom qu'on donne à la chose, ce qui précède en prouve suffisamment la justice. Cependant pour la faire ressortir encore mieux, je reprends la supposition de trente seigneurs possédant tout le sol de la France. Si vous les forcez à céder la majeure partie de leurs propriétés, afin qu'un grand nombre de leurs semblables vivent comme eux indépendans, c'est une spoliation que vous opérez. Qui oserait dire pourtant que la nation doit se résigner pour toujours au servage ? Si c'était la conséquence nécessaire du droit de propriété, mieux vaudrait le Communisme. Mais si vous reconnaissez la justice d'une si énorme spoliation, comment pouvez-vous prétendre qu'une spoliation beaucoup moindre, faite dans le même but de détruire un abus funeste de la propriété, est injuste et illicite ? Soyez donc conséquens avec vous-mêmes.

Mais le riche qui possède 30 millions, 50 millions, 100 millions de fortune, ne serait-il pas bien à plaindre d'être tout-à-coup réduit à 18 millions ? Rien que 18 millions pour vivre ! ! Pauvre homme ! ! !...

C'est un devoir d'humanité de le consoler d'avance en lui représentant combien la société a été plus cruelle envers des milliers de ses semblables. Que leur a-t-elle laissé ? des bras pour travailler et un cœur pour souffrir : c'est moins que 18 millions de fortune. Elle porte l'inhumanité plus loin encore : car elle permet que des hommes laborieux meurent dans les tortures de la faim, tandis que des milliers d'oisifs nagent dans le superflu. Oui, sa cruauté va jusque-là, et c'est un crime horrible devant le père commun de tous les hommes. Et vous, elle vous réduit à 18 millions ! pauvre homme ! Prenez votre mal en patience. Celui qui a dit : *Heureux les pauvres !* vous réserve sans doute une grande récompense pour cet héroïsme de vertu qui vous fait supporter la vie avec 18 millions. Il faut en convenir, c'est le sublime de l'héroïsme.

Et pourtant je connais quelqu'un qui porterait plus loin l'abnégation. Sachant qu'il y a beaucoup de ses frères qui n'ont d'autre ressource pour vivre qu'un travail de mercenaires, qui souvent leur fait défaut, il ne pourrait dormir avec le poids de 18 millions sur la conscience : il cèderait tout d'abord à ses frères déshérités , la somme de 8 millions , laquelle , divisée en lots de 10,000 fr. chacun , tirerait de la misère huit cents personnes. Réduit à 10 millions de fortune, il essaierait en vain de trouver le sommeil, parce qu'il saurait qu'il y a encore un très grand nombre de ses frères qui ignorent le matin s'ils auront un morceau de pain à manger dans le courant de la journée. Il se hâterait donc de distribuer 5 millions à cinq cents malheureux , qui béniraient le Ciel de se voir tout-à-coup une fortune de 10,000 fr. Alors jetant un nouveau coup-d'œil autour de lui , pourrait-il s'empêcher de voir plusieurs frères plongés dans la plus profonde misère ? Et pour se soustraire au reproche d'inhumanité que lui adresserait sa conscience, ne voudrait-il pas diminuer encore de quatre cents le nombre des malheureux , en réduisant de quatre millions le restant de sa fortune ? Heureux s'il pouvait enfin goûter le repos quand il ne rerait plus riche que d'un million !

FIN.

Rodez, Imp. de N. RATERY , rue de l'Embergue-Gauche.